DÉPARTEMENT DE SEINE ET MARNE.

COURS

DU PAPIER-MONNOIE,

Depuis l'époque du 1.er Janvier 1791 jusqu'à celle du 7 Thermidor, l'an IV, jour de la publication de la Loi du 29 Messidor, an IV.

EXTRAIT

Du registre des délibérations de l'Administration centrale du Département de Seine et Marne,

SÉANCE du 17 Thermidor, l'an V de la République française.

Vu la Loi du 5 Messidor dernier, portant que dans le délai d'un mois, il sera fait, dans chaque Département, un Tableau des valeurs successives du papier-monnoie, à partir du 1er Janvier 1791 jusqu'au jour de la publication de la Loi du 29 Messidor de l'an IV;

Ouï le Commissaire du Directoire exécutif;

L'Administration centrale, après avoir pris l'avis de quinze Citoyens éclairés dans ce genre d'affaires, qu'elle s'est adjoints, en exécution de la Loi citée; après avoir recueilli tous les renseignemens relatifs à la valeur d'opinion du papier-monnoie, pendant le temps de sa circulation; et après avoir combiné le cours libre des immeubles, des denrées et des marchandises, avec le cours du numéraire, suivant les notes de la Trésorerie nationale annexées à ladite Loi;

Arrête que les valeurs successives en numéraire des assignats et promesses de mandats dans ce Département,

A

depuis le 1er Janvier 1791 jusques et compris le 7 Thermidor , an IV , jour de la publication de la Loi du 29 Messidor de la même année , sont fixées conformément au Tableau étant à la suite du présent arrêté.

Cet arrêté sera imprimé tant en placard qu'en format *in-8º*. Il sera adressé au Directoire exécutif , aux Ministres , aux Tribunaux et Administrations municipales , publié et affiché dans toutes les Communes du Département.

Signé à la minute : FOIX ; Président, BABÉE, FRÉZET, PRIEUR et ROCHEREAU , Administrateurs ; GUYARDIN , Commissaire du Directoire exécutif ; AUBIN , Secrétaire général.

POUR EXTRAIT :

A U B I N , Secrétaire général.

TABLEAU
DE DÉPRÉCIATION
DU PAPIER-MONNOIE.

SOMMES en numéraire représentant 100 liv. Assignats.

MOIS.	1791.			1792.			1793.			1794.			1795. Jusqu'au 20 Mars.		
	liv.	s.	d.	liv.	s.	d.	liv.	s.	d.	liv.	s.	d.	liv.	s.	d.
JANVIER.....	97	15	,,	91	15	,,	72	15	,,	53	10	,,	32	13	4
FÉVRIER.....	97	15	,,	89	,,	,,	73	,,	,,	51	10	,,	31	,,	,,
MARS.........	97	10	,,	88	10	,,	72	,,	,,	46	10	,,	28	13	4
AVRIL........	97	5	,,	90	2	,,	68	10	,,	46	10	,,			
MAI..........	96	5	,,	87	,,	,,	69	5	,,	46	,,	,,			
JUIN.........	96	5	,,	86	2	6	63	15	,,	43	10	,,			
JUILLET......	96	15	,,	85	5	,,	58	,,	,,	44	10	,,			
AOUT........	94	15	,,	84	12	,,	54	5	,,	43	15	,,			
SEPTEMBRE.	95	10	,,	86	15	,,	55	10	,,	40	15	,,			
OCTOBRE....	94	15	,,	85	5	,,	55	15	,,	40	15	,,			
NOVEMBRE.	94	5	,,	85	15	,,	53	5	,,	38	5	,,			
DÉCEMBRE..	93	,,	,,	85	10	,,	57	,,	,,	35	,,	,,			

Note : la colonne 1795 porte, entre Février et Mars, la mention « 20 p. jours ».

Nota. Le 21 Mars 1795 correspond au premier Germinal, an III, ci-après.

AN III.

JOURS du MOIS.	SOMMES en numéraire représentant 100 liv. Assignats.								
	GERMINAL.			FLORÉAL.			PRAIRIAL.		
	liv.	s.	d.	liv.	s.	d.	liv.	s.	d.
1	26	13	4	20	17	4	16	,,	,,
2	26	13	4	20	17	4	16	,,	,,
3	25	5	3	20	17	4	16	,,	,,
4	25	5	3	20	,,	,,	16	,,	,,
5	25	5	3	20	,,	,,	15	9	8
6	25	5	3	20	,,	,,	15	9	8
7	24	,,	,,	18	9	3	15	,,	,,
8	24	,,	,,	18	9	3	15	,,	,,
9	21	16	4	18	9	3	15	,,	,,
10	21	16	4	18	9	3	14	10	,,
11	21	16	4	17	15	6	14	10	,,
12	21	16	4	17	15	6	14	10	,,
13	21	16	4	17	15	6	14	2	,,
14	21	16	4	17	2	9	14	2	,,
15	21	16	4	17	2	9	13	14	3
16	21	16	4	17	2	9	13	6	8
17	21	16	4	17	2	9	13	6	8
18	21	16	4	17	2	9	12	19	6
19	20	17	4	17	2	9	12	19	6
20	20	17	4	17	2	9	12	12	6
21	20	17	4	16	11	,,	12	,,	,,
22	20	17	4	16	11	,,	11	3	3
23	20	17	4	16	11	,,	10	4	6
24	20	17	4	16	11	,,	9	16	,,
25	20	17	4	16	11	,,	9	8	3
26	20	17	4	16	11	,,	9	12	,,
27	20	17	4	16	11	,,	9	12	,,
28	20	17	4	16	11	,,	9	12	,,
29	20	17	4	16	,,	,,	9	12	,,
30	20	17	4	16	,,	,,	9	12	,,

AN III.

| Jours du Mois. | Sommes en numéraire représentant 100 livres Assignats. | | | | | | | | | | |
| | MESSIDOR. | | | THERMIDOR. | | | FRUCTIDOR. | | | Jours complé. | | |
	liv.	s.	d.	liv.	s.	d.	liv.	s.	d.	liv.	s.	d.
1	9	12	,,	6	3	,,	4	10	6	2	10	,,
2	9	8	3	6	1	6	4	7	3	2	10	,,
3	9	8	3	6	1	6	4	7	3	2	10	,,
4	9	8	3	6	1	6	4	3	6	2	10	,,
5	8	14	6	5	17	,,	4	3	6	2	10	,,
6	8	14	6	5	17	,,	4	,,	,,	2	10	,,
7	8	14	6	5	14	3	4	,,	,,			
8	8	8	3	5	6	8	4	,,	,,			
9	8	8	3	5	3	3	4	,,	,,			
10	8	8	3	5	,,	,,	4	,,	,,			
11	8	8	3	5	,,	,,	3	16	9			
12	8	,,	,,	5	,,	,,	3	16	9			
13	8	,,	,,	5	,,	,,	3	16	9			
14	8	,,	,,	5	,,	,,	3	14	,,			
15	7	17	3	4	16	,,	3	14	,,			
16	7	17	3	4	16	,,	3	14	,,			
17	7	5	6	4	16	,,	3	11	,,			
18	7	5	6	4	14	,,	3	11	,,			
19	7	5	6	4	14	,,	3	8	6			
20	7	5	6	4	14	,,	3	8	6			
21	6	17	,,	4	13	3	3	6	2			
22	6	17	,,	4	13	3	3	6	2			
23	6	17	,,	4	13	3	3	4	,,			
24	6	15	,,	4	11	6	3	4	,,			
25	6	15	,,	4	11	6	3	,,	,,			
26	6	15	,,	4	11	6	3	,,	,,			
27	6	11	6	4	10	6	2	18	,,			
28	6	11	6	4	10	6	2	16	6			
29	6	11	6	4	10	6	2	15	,,			
30	6	3	,,	4	10	6	2	10	6			

AN IV.

JOURS du MOIS.	SOMMES en numéraire représentant 100 liv. Assignats.								
	VENDÉMIAIRE.			BRUMAIRE.			FRIMAIRE.		
	liv.	s.	d.	liv.	s.	d.	liv.	s.	d.
1	2	10	,,	1	15	6	1	,,	,,
2	2	10	,,	1	15	6	1	,,	,,
3	2	10	,,	1	15	6	,,	18	6
4	2	10	,,	1	15	6	,,	18	6
5	2	10	"	1	15	6	,,	18	6
6	2	10	,,	1	14	3	,,	18	6
7	2	10	,,	1	14	3	,,	16	,,
8	2	10	,,	1	14	3	,,	16	,,
9	2	10	,,	1	13	,,	,,	16	,,
10	2	10	,,	1	13	,,	,,	16	,,
11	2	8	,,	1	12	,,	,,	15	9
12	2	8	,,	1	12	,,	,,	15	9
13	2	3	6	1	12	,,	,,	15	9
14	2	3	6	1	12	,,	,,	15	9
15	2	,,	,,	1	10	,,	,,	15	9
16	2	,,	,,	1	10	,,	,,	14	6
17	2	,,	,,	1	10	,,	,,	14	6
18	2	,,	,,	1	9	,,	,,	14	6
19	2	,,	,,	1	9	,,	,,	14	,,
20	2	,,	,,	1	9	,,	,,	14	,,
21	1	19	,,	1	9	,,	,,	14	,,
22	1	19	,,	1	9	,,	,,	13	3
23	1	17	,,	1	9	,,	,,	13	3
24	1	15	6	1	4	,,	,,	13	3
25	1	15	6	1	4	,,	,,	12	,,
26	1	15	6	1	4	,,	,,	12	,,
27	1	15	6	1	4	,,	,,	12	,,
28	1	15	6	1	4	,,	,,	12	,,
29	1	15	6	1	,,	,,	,,	12	,,
30	1	15	6	1	,,	,,	,,	12	,,

AN IV.

JOURS du MOIS.	SOMMES en numéraire représentant 100 liv. Assignats.								
	NIVOSE.			PLUVIOSE.			VENTOSE.		
	liv.	s.	d.	liv.	s.	d.	liv.	s.	d.
1	»»	12	»»	»»	11	6	»»	11	»»
2	»»	12	»»	»»	11	6	»»	11	»»
3	»»	12	»»	»»	11	6	»»	11	»»
4	»»	12	»»	»»	11	6	»»	11	»»
5	»»	11	9	»»	11	6	»»	10	»»
6	»»	11	9	»»	11	6	»»	10	»»
7	»»	11	9	»»	11	6	»»	10	»»
8	»»	11	9	»»	11	6	»»	10	»»
9	»»	11	9	»»	11	6	»»	10	»»
10	»»	11	9	»»	11	6	»»	10	»»
11	»»	11	9	»»	11	6	»»	10	»»
12	»»	11	9	»»	11	6	»»	10	9
13	»»	11	6	»»	11	6	»»	10	9
14	»»	11	6	»»	11	6	»»	10	9
15	»»	11	6	»»	11	6	»»	10	9
16	»»	11	6	»»	11	6	»»	10	6
17	»»	11	6	»»	11	6	»»	10	6
18	»»	11	6	»»	11	6	»»	10	6
19	»»	11	6	»»	11	6	»»	10	6
20	»»	11	6	»»	11	6	»»	10	»»
21	»»	11	6	»»	11	6	»»	10	»»
22	»»	11	6	»»	11	6	»»	10	»»
23	»»	11	6	»»	11	»»	»»	10	»»
24	»»	11	6	»»	11	»»	»»	10	3
25	»»	11	6	»»	11	»»	»»	10	3
26	»»	11	6	»»	11	»»	»»	10	6
27	»»	11	6	»»	11	»»	»»	10	6
28	»»	11	6	»»	11	»»	»»	10	6
29	»»	11	6	»»	11	»»	»»	10	9
30	»»	11	6	»»	11	»»	»»	10	6

AN IV.

PROMESSES DE MANDATS.

Jours du mois.	Germinal.			Floréal.			Frairial.			Messidor.			Thermidor.		
	liv.	s.	d.	liv.	s.	d.	liv.	s.	d.	liv.	s.	d.	liv.	s.	d.
1	25	10	,,	20	,,	,,	15	2	6	9	17	,,	6	6	6
2	26	5	,,	19	7	6	15	2	6	9	13	9	5	18	9
3	27	,,	,,	18	15	,,	15	,,	,,	9	7	6	5	,,	,,
4	27	7	6	18	15	,,	12	16	3	8	8	9	5	,,	,,
5	25	10	,,	18	2	6	12	12	6	8	2	6	5	12	6
6	27	15	,,	18	2	6	11	5	,,	7	11	6	5	16	3
7	25	10	,,	18	8	9	9	7	6	7	19	6	5	,,	,,
8	25	10	,,	17	16	3	8	15	,,	9	1	3			
9	26	5	,,	16	17	6	8	16	3	9	10	9			
10	26	5	,,	15	1	6	8	16	3	9	10	9			
11	25	2	6	15	1	6	8	15	,,	9	1	3			
12	25	10	,,	15	,,	,,	8	16	3	9	7	6			
13	27	15	,,	15	,,	,,	8	10	,,	9	1	3			
14	24	,,	,,	15	,,	,,	8	10	,,	8	13	6			
15	23	5	,,	16	17	6	6	5	,,	9	1	3			
16	32	5	,,	16	5	,,	4	,,	,,.	9	1	3			
17	31	6	3	16	7	6	5	,,	,,	9	4	3			
18	30	,,	,,	15	18	9	5	16	3	8	15	,,			
19	30	3	9	15	18	9	6	14	3	8	13	6			
20	30	3	9	15	18	9	6	14	3	8	13	6			
21	28	17	6	15	12	6	8	12	6	8	11	3			
22	27	,,	,,	15	12	6	9	15	,,	8	3	9			
23	27	15	,,	15	6	3	11	2	,,	8	10	,,			
24	30	,,	,,	15	5	,,	10	12	6	8	10	,,			
25	30	,,	,,	15	,,	,,	12	3	9	8	2	6			
26	29	12	6	15	,,	,,	11	2	,,	7	7	6			
27	27	3	,,	15	2	6	10	12	6	6	18	6			
28	26	1	3	15	,,	,,	10	3	,,	7	4	6			
29	24	,,	,,	15	,,	,,	10	6	3	6	8	3			
30	24	,,	,,	15	,,	,,	10	6	3	6	8	3			

Le titre de l'en-tête du tableau : SOMMES en numéraire représentant 100 liv. Mandats.

Nota. Le 7 thermidor est le jour auquel a été publiée et enregistrée au Département la Loi du 29 messidor, an 4, qui établit les cours des promesses de mandats.

Collationné et certifié conforme à la minute.
Président ; AUBIN , Secrétaire général.

A MELUN, DE L'IMPRIMERIE DE MICHELIN.